Il Guerriglia-Marketing per il successo del tuo sito web

Tecniche di marketing gratuite che contribuiranno a raggiungere nuovi clienti e visitatori rendendo il tuo sito web un successo.

Sebastian Merz

© 2020, Sebastian Merz, 2eme Edition

Edition: BoD - Books on Demand

12/14 rond-point des Champs Elysées

75008 Paris

Imprimé par BoD – Books on Demand, Norderstedt

ISBN: 978-2-3222-5833-8

Dépôt légal: 11/2020

Introduzione

Utilizzando questo libro, accetti in pieno queste condizioni.

Nessuna indicazione

Il libro contiene informazioni. L'informazione non è un'indicazione e non dovrebbe essere recepita come tale.

Se pensi di avere una malattia dovresti consultare immediatamente il medico. Non ritardare, trascurare o seguire mai in maniera discontinua le indicazioni del medico a causa delle informazioni del libro.

Nessuna rappresentanza o garanzia

Escludiamo nella misura massima della legge applicabile alla sezione sottostante ogni rappresentanza, garanzia e iniziativa relativa al libro.

Fatta salva la generalità del paragrafo precedente, non rappresentiamo, garantiamo e non ci impegniamo o assicuriamo:

- che le informazioni contenute nel libro siano corrette, accurate, complete o non ingannevoli;
- che l'uso della guida nel libro porterà particolari risultati.

Limitazioni ed esclusioni di responsabilità

Le limitazioni ed esclusioni della responsabilità descritte in questa sezione e altrove in questo disclaimer: sono soggette alla sezione 6 sottostante; impediscono tutte le responsabilità derivanti dal disclaimer o relative al libro, incluse le responsabilità inerenti al contratto, a illeciti civili o per violazione degli obblighi di legge.

Non siamo responsabili di qualsiasi perdite o eventi che vanno oltre il nostro controllo.

Non siamo responsabili riguardo a perdite economiche, perdite o danni a guadagni, reddito, utilizzo, produzione, risparmi, affari, contratti, opportunità commerciali o favori.

Non siamo responsabili riguardo a qualsiasi perdita o danneggiamento di qualsiasi dato, database o programma.

Non siamo responsabili riguardo a qualsiasi particolare perdita o danno indiretto o conseguente.

Eccezioni

In questo disclaimer niente può: limitare o escludere la nostra responsabilità di morte o lesione personale causata da negligenza; limitare o escludere la nostra responsabilità per frode o false dichiarazioni; limitare le nostre responsabilità in qualsiasi modo vietato dalla legge; o escludere le nostre responsabilità che non possono essere escluse dalla legge.

Separabilità

Se una sezione di questo disclaimer è giudicata illegale e/o inapplicabile dalle autorità competenti, le altre sezioni continuano ad essere valide.

Se qualsiasi sezione illegale e/o inapplicabile sarebbe legale o applicabile cancellandone una parte, verrà considerata la possibilità di cancellare quella parte e il resto della sezione continuerà ad essere valida.

Legge e giurisdizione

Questo disclaimer sarà disciplinato e intepretata conformementedalla legge svizzera, e ogni disputa relativa a questo disclaimer sarà soggetta all'esclusiva giurisdizione dei tribunali della Svizzera.

Prefazione 9

Il tuo blog 12

Apportare benefici al Lettore 17

Chiedere raccomandazioni 22

Usare gli aggregatori di notizie Social........................... 26

Usa Google+ e quale ruolo gioca Facebook? 31

    Includi altre persone nei tuoi Post............................ 33

    Usa Gruppi/Community... 34

Trova alleati per il tuo blog 35

    Fai incontrare gli esperti 35

        1. Fai domande 36

        2. Chiedi agli esperti 37

        3. Pubblica le risposte 37

        4.   Informa gli esperti....................................... 38

    Elimina l'ego 38

Attira l'attenzione e i Visitatori con i Commenti 41

Lascia moltiplicare il tuo lavoro 44

    Post intelligenti riferiti allo stesso contenuto........... 45

    Guest Post.. 45

Slideshare..46

Il tuo video 47

Il tuo podcast 48

Il tuo Libro 48

Epilogo 50

Prefazione

Caro lettore,

I tempi sono cambiati: la battaglia delle agenzie SEO è iniziata. Anni fa, uno poteva acquisire un buon vantaggio con il SEO (Search Engine Optimization). Oggi, tuttavia, il SEO è un "must" ed è visto dal mercato come un requisito essenziale nel momento in cui si stabilisce la propria presenza su Internet. L'ottimizzazione per motori di ricerca è un processo che richiede un lavoro instancabile. I motori di ricerca allargano costantemente i propri criteri di ricerca, e quello che poteva essere un buon metodo alcuni mesi fa, oggi potrebbe essere lasciato indietro o penalizzato dai motori di ricerca. Non è un caso che gli esperti abbiano iniziato a parlare di SEO 2.0.

Ciò che non va dimenticato mentre si lavora con l'ottimizzazione SEO, è che si tratta di un evento di marketing passivo. Con esso, si può raggiungere una persona che sta cercando una delle parole chiave ottimizzate e assicurarsi che quella persona visiti il nostro sito. Questo è importante dato che significa che se qualcuno sta cercando i tuoi servizi o la tua azienda, verrai trovato. Tuttavia, essenzialmente l'ottimizzazione per motori di ricerca è come una pubblicità sull'elenco telefonico: importante, interessante ma sicuramente ci si dovrà affidare anche ad altri mezzi di marketing per avere un buon successo.

Vorrei presentare alcuni approcci e metodi dal risultato garantito che potranno aiutarti ad attrarre più visitatori, oltre ad alcuni modi per usare i social media e distinguersi dalla massa. Molte di queste cose risulteranno poco convenzionali all'inizio ma funzionano, e se si applicano gli strumenti correttamente, a prescindere dal tipo di pubblico a cui ci si sta rivolgendo, potrete attrarre molti nuovi visitatori al vostro sito web.

Vi auguro di divertirvi ed avere successo nelle vostre iniziative!

Sebastian Merz

Il tuo blog

Hai mai visto il sito di un'azienda augurarti "Buon Natale" durante l'estate, oppure annunciare l'arrivo del nuovissimo iPhone 4? I siti web giocano una parte fondamentale nell'acquisire nuova clientela, soprattutto per le aziende il cui mercato si svolge principalmente fuori dal World Wide Web. Questo funziona veramente soltanto quando la presenza online è pienamente aggiornata. Chiunque incontri un albero di Natale in un ristorante a Pasqua si domanderà anche se il cibo nel menù è fresco o no. Lo stesso principio si applica anche ai siti web non aggiornati.

Uno dei modi più semplici per mantenere un sito web è (oltre a fornire informazioni di servizio e di prodotto, form di contatto, orari di lavoro ecc.) è implementare un blog dove vengono pubblicate le informazioni recenti dell'azienda. Questa è una cosa che teoricamente dovresti fare, dato che può offrire un vantaggio competitivo cambiando il modo con cui il cliente percepisce la tua azienda. Se questo non fosse possibile (a causa di mancanza di tempo, capacità ecc.), occorrerebbe contattare un esperto per sbrigare questo tipo di lavoro.

Se non hai un sito web e/o non desideri implementare un blog nel tuo sito, puoi affidarti a una delle tante opzioni gratuite (o con prezzi ragionevoli) presenti su Internet per avviare un blog grazie a un sito web esterno, ed eventualmente collegarlo o integrarlo altrove. Ecco alcune opzioni:

- blogger.de

- de.wordpress.com
- weebly.com
- de.jimdo.com

Ovviamente dovrai curarti di mantenere e aggiornare il contenuto sul sito principale. Gli orari di apertura, le informazioni di prodotto così come i disclaimer dovranno essere sempre aggiornati. Con un blog adeguatamente gestito (almeno un post al mese), e l'opportunità per i lettori di commentare, mettere "like" e condividere, potrai stabilire un dialogo con i clienti. Inoltre, essere aggiornati è un criterio di ricerca importante per molti motori di ricerca.

Molte delle strategie delineate sopra sono basate su blog esistenti o creati ex-novo. In contrasto con altri concetti di motori di ricerca più statici, nel Guerriglia-Marketing l'essere aggiornati è una strategia molto importante. L'obiettivo è quello di non stabilire il blogging come un fine, ma piuttosto quello di trasmettere un'idea di presenza e competenza nella manutenzione del blog, in modo da creare il contesto per due qualità molto importanti nel World Wide Web: la visibilità e la credibilità.

Incontro continuamente manager che trovano i blog molto interessanti. Durante la prima settimana, scrivono un post ogni giorno. Ma appena vedono che il numero di visite non cresce velocemente e non esplode, allora si scoraggiano ed esprimono disappunto. Poi, nella seconda settimana pubblicano solo due post, nel mese successivo solo uno ed infine tutto l'entusiasmo e l'energia nei confronti del blog svaniscono. Devi tenere a mente una cosa: il marketing su Internet (così come ogni forma di marketing) va visto come una sorta di maratona, non uno sprint. E' proprio per questo che potrebbe risultare vantaggioso affidare il compito ad esperti nel campo.

Apportare benefici al Lettore

La ricerca psicologica l'ha provato ormai tempo fa: l'argomento preferito dall'Uomo è se stesso. Amiamo parlare di noi stessi. Le persone che ci ascoltano e mostrano apprezzamento sono quelle che noi vediamo come amichevoli e affabili. Vediamo inoltre quelle persone come intelligenti e simili a noi.

Molte persone e aziende hanno creato i propri siti web pensando a questo concetto. Raccontano il mondo come tutto intorno a loro, i loro prodotti, le loro notizie, i loro traguardi. In breve: se un visitatore perde la sua via su un sito web e finisce altrove, allora è importante riportare la persona indietro e spiegarle tutto su di te, su quali prodotti o servizi vendi e per quali motivi la persona ne avrebbe bisogno. Vogliamo incoraggiare il visitatore ad ordinare qualcosa, a chiedere di un prodotto/servizio, o almeno a fornire un indirizzo e-mail così da poter indirizzare futuri sforzi di marketing sul soggetto.

Se dovessimo immedesimarci nel nostro visitatore, tutto questo potrebbe sembrare molto diverso da quello che vogliamo rappresentare. Il visitatore arriva sul tuo sito web e sta effettivamente cercando il tuo prodotto, allora è possibile che chieda informazioni a riguardo. In un mondo perfetto la persona piazzerà un ordine; ma, in molte situazioni, non è questo che succede. Il visitatore generalmente è interessato a ciò che stai offrendo, ma non ha il tempo, il denaro o il desiderio di agire realmente sulla questione.

Questo tipo di utente allora fornirà il suo indirizzo e-mail e la richiesta per essere inserito in una mailing list per newsletter e simili. Molto utenti sono tuttavia estremamente cauti per quanto riguarda il fornire i propri indirizzi e-mail e l'accettare l'invio di informazioni con una frequenza consistente. Nonostante ciò, il marketing e-mail è senza dubbio un metodo interessante per allacciarsi con i potenziali clienti online.

Se l'obiettivo è quello di promuovere la fedeltà del cliente per mezzo di Internet, allora può essere una buona idea fornire un beneficio all'utente. Cosa che può essere fatta in molti modi. Un modo per farlo è quello di fornire all'utente informazioni ed offerte riguardo alle aree rilevanti per lui/lei. L'obiettivo qui non è quello di far sapere alla gente del nuovo tosaerba appena uscito. Anche articoli di blog appropriati e ben incentrati possono essere inviati con una newsletter online.

Tuttavia, se stai operando in una regione dove i tosaerba sono di grande interesse, allora può essere interessante per i clienti se aggiornassi il blog con consigli sulle più recenti condizioni meteo e su come si può mantenere il cortile pulito con tali condizioni, così come quali sono gli ultimi trend sull'argomento.

Queste informazioni attrarranno orgogliosi giardinieri a guardare le novità più recenti e a dare un'occhiata a cosa possono fare per mantenere verde il proprio giardino. Offri loro la possibilità di mettere dei "like" e condividere i post sui social network, dato che può essere un ottimo modo per guadagnarsi la fedeltà dell'utente e accaparrarsi nuovi clienti. Nel peggiore dei casi, questi sforzi saranno comunque molto più utili di una campagna promozionale cartacea, che finirà in pattumiera dopo un paio di giorni dato che le persone sono inclinate a buttare via le proprie carte.

Chiedere raccomandazioni

Metodo:	Raccomandazioni da articoli di blog
Requisiti:	Il proprio blog e un account Twitter
Costi:	nessuno
Possibilità:	alta
Spese:	medie
Rischio:	basso

Un modo interessante per mettersi in contatto con le persone che formano il tuo bacino di utenza è chiedere raccomandazioni.

Esistono "star dei social network" per quasi ogni tipo di materia, e queste persone amano vedere decine di migliaia di persone che guardano e prestano attenzione ai propri tweet. Una semplice raccomandazione o un "urlo" da parte di queste star può essere possibile (a seconda dell'argomento) per generare più attenzione sul tuo blog e, come risultato, guadagnare più visitatori sul tuo blog.

Il processo è piuttosto semplice. Un prerequisito, tuttavia, è che il tuo articolo di blog abbia un titolo un po' migliore di "Il nuovo tosaerba costa 2 euro in meno questa settimana". Non scambiare il tuo blog con la pubblicità del tuo giornale locale.

Una volta che hai creato un articolo interessante per i lettori esterni, allora dovresti cercare un promotore appropriato. Il modo più semplice è visitare Topsy.com. Qui troverai velocemente quale persona è considerata più popolare su uno specifico argomento. Per fare questo, inserisci i termini di ricerca più rilevanti e scegli un social network come ad esempio Twitter, quindi la lingua desiderata. Topsy ordinerà tutti i tweet per te, dal più popolare al meno popolare.

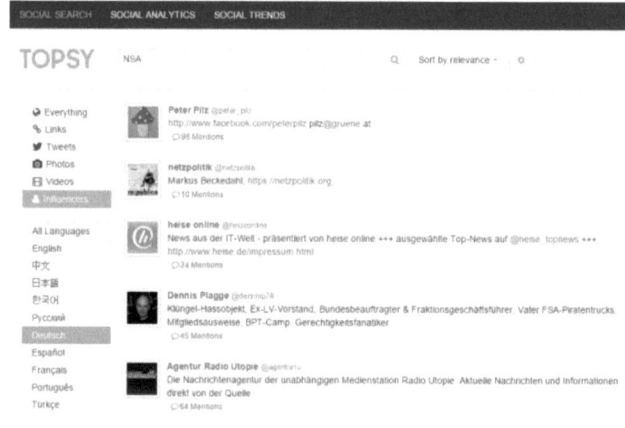

Per determinare a quale persona vale la pena rivolgersi, controlla i profili Twitter dei singoli. Se trovi qualcuno che soddisfa i requisiti e questo soggetto ha il giusto numero di followers (circa duemila, ma è preferibile da diecimila in su), allora contattalo cliccando sul pulsante di risposta e scrivendo alla persona. Un messaggio dovrebbe avere più o meno questa struttura:

»@nome twitter Ciao XXX, vorrei mostrarti il mio nuovo articolo di blog su XXX e sarei grato se mettessi "mi piace" o condividessi (URL dell'articolo)«

Ovviamente non c'è garanzia che la persona risponda o dia peso alla nostra richiesta. Non tutte le persone lo faranno, ma se l'articolo è interessante e a questa persona piace, allora c'è una buona possibilità che la persona ti faccia un favore. Noi arriviamo costantemente a grandi numeri per i nostri clienti seguendo questo processo.

Usare gli aggregatori di notizie Social

Metodo:	Ampia circolazione di articoli di blog
Requisiti:	il proprio blog
Costi:	nessuno (alcuni siti offrono funzioni premium a pagamento)
Possibilità:	alte
Spese:	basse
Rischio:	basso

Gli aggregatori di notizie sono uno strumento meraviglioso che sfortunatamente non ha ancora mostrato tutte le sue potenzialità nel mondo tedesco. Gli aggregatori di maggior successo lavorano sulla lingua inglese. Tuttavia alcuni ora hanno aree di lingua tedesca. Essenzialmente sono una sorta di bacheca dove le persone possono pubblicare link ad articoli o condividere notizie sotto forma di video o immagini. Questi testi vengono quindi compilati secondo un argomento (o parola chiave) che comparirà agli utenti interessati online o attraverso applicazioni specifiche.

Esistono aggregatori specifici orientati ad una certa materia, così come aggregatori di notizie dei social network. Queste funzioni ovviamente rendono possibile l'enfatizzazione di articoli specifici e assicurarne una circolazione più ampia. Troverai una piccola selezione di link sotto. Questo è il processo quando si cerca di generare attenzione per le proprie news:

- Esamina il pubblico di destinazione. Quale sito è più

adatto a te e al tuo pubblico di destinazione?
- Metti insieme il tuo post inserendo il link all'articolo originale, così come il titolo, la descrizione e i tag (se disponibili). Ricorda che piattaforme differenti hanno campi differenti con nomi diversi.

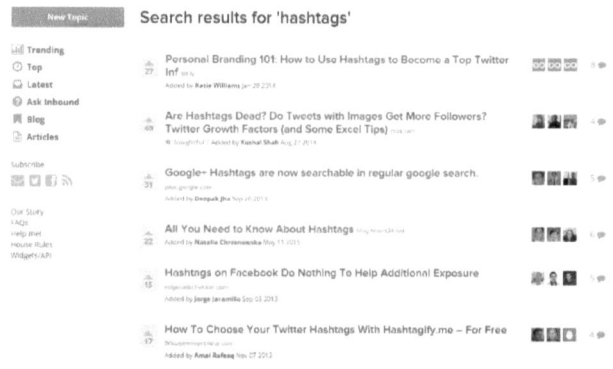

La maggior parte delle piattaforme pubblica post da utenti registrati e permette l'accesso a tutti i lettori, mentre altri controllano e approvano i post prima della pubblicazione.

Ricorda semplicemente che soltanto gli articoli buoni e di ottima qualità vengono letti e condivisi. Chiunque pubblica post senza senso o pubblicità pura o contenuti che non sono inerenti allo scopo della piattaforma verrà bloccato velocemente.

Lista di piattaforme (non è completa e non deve essere vista come una raccomandazione):

- inbound.org
- growthhackers.com
- bizsugar.com
- designfloat.com

- community.good.is
- producthunt.com
- blogengage.com
- layervault.com

Un altro sito web che è iniziato come aggregatore di notizie, ma ora si è evoluto in una propria community è reddit.com.

Usa Google+ e quale ruolo gioca Facebook?

Se Facebook è generalmente accettato per le pratiche di business, Google+ è praticamente (e per errore) qualcosa di sconosciuto. Non è necessario avere un gran numero di fan o followers per riuscire a usare in modo ottimale entrambe le piattaforme.

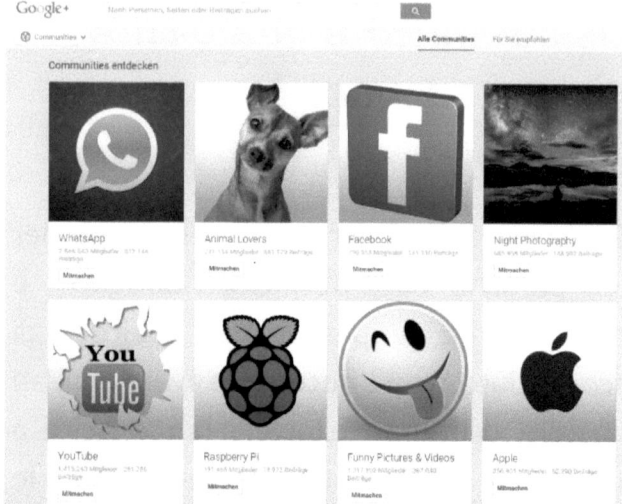

Qualcuno che lavora in queste piattaforme seriamente e non le usa per pura pubblicità guadagnerà più attenzione. La pubblicità su questo canale può comunque essere utile. Oltre a tutte le cose che offriamo come servizi ai nostri clienti (di cui parleremo ancora più tardi), esistono due cose su cui vorrei focalizzare per adesso:

Includi altre persone nei tuoi Post

Se includi altre persone nei tuoi post in modo positivo ed amichevole (per esempio, sei stato in una presentazione e ti è sembrato che il presentatore abbia lavorato molto bene), sii sicuro di collegare questa persona e fare in modo che tale persona riceva il tuo post direttamente. A seconda di qual è la tua relazione con la persona, puoi anche chiedergli/le di mettere un "like" o condividere il contenuto. Le persone amano essere cercate e quando vengono riconosciute, hanno la tendenza a ricambiare il favore. Le tue possibilità di essere visto da nuova gente potranno accrescersi fortemente.

Usa Gruppi/Community

I gruppi (Facebook) o le community (Google+) sono ottimi quando stai cercando di stabilire una reputazione. In quanto membro, potrai creare i tuoi post che verranno presi in considerazione seriamente dagli altri membri.

Come chiunque altro online, l'obiettivo qui è quello di fornire al lettore un beneficio aggiunto. Quindi potrebbe essere più dannoso che utile affidarsi a pubblicità pure come »X è il migliore«. Piuttosto, l'attenzione va spostata sul lettore che ha qualcosa da guadagnarci. Questo potrà elevarti al livello di esperto e una volta che avrai questo status, potrai sicuramente menzionare ciò che vuoi.

Trova alleati per il tuo blog

Molti blog iniziano a vacillare lentamente dopo che gli autori, dopo aver scritto contenuti pieni di elogi, postano online e attraggono pochissimi o addirittura nessun lettore. Il buon contenuto non è abbastanza? Certo che no! Se difficilmente qualcuno lo conosce e lo si può trovare solo dopo una ricerca intensiva, allora sarà molto difficile attrarre nuovi lettori.

Ovviamente ci sono varie strategie collaudate. Ecco due delle migliori:

Fai incontrare gli esperti

Nella tua materia o industria esistono, senza dubbio, esperti con i propri blog, gruppi di

Facebook o canali Twitter che aggiornano costantemente i loro contenuti e hanno molti lettori.

Un eccellente modo di usufruire della loro popolarità e simultaneamente costruire il tuo proprio network (anche al di fuori di Internet) è quello di farli mettere insieme e organizzare un gruppo di esperti.

1. Fai domande

Esistono domande attuali e aggiornate riguardo alla tua materia che vengono contestate e discusse? Tornando all'esempio dell'avere un giardino verde e ben tenuto, una domanda potrebbe essere come una persona deve prendersi cura del proprio giardino in modo da mantenerlo con un buon aspetto.

2. Chiedi agli esperti

Chiedi agli esperti opinioni sulla questione. Frasi brevi sono più che sufficienti. Lascia che gli esperti sappiano che vorresti pubblicare le risposte nel tuo blog, menzionali e invia loro un link. Potresti anche chiedere un'immagine oppure una o due frasi che permettono di attirare l'attenzione su una persona a coloro che non la conoscono ancora, in modo da poter introdurre gli esperti. Non tutti risponderanno ma è più importante concentrarsi sulla qualità che non sulla quantità.

3. Pubblica le risposte

Assicurati di pubblicare le risposte sul tuo sito web in modo professionale e di buon gusto, dando la possibilità ai lettori di condividere far circolare e mettere "like" al contenuto.

4. Informa gli esperti

Una volta che gli articoli sono stati pubblicati, dillo agli esperti. Potrai chiedere loro di mettere "like" al commento e/o condividerlo nella loro community.

Con questo approccio, promuoverai e rinforzerai il tuo blog (e le pagine ad esso associate), inoltre acquisirai nuovi lettori e credibilità nel percorso.

Elimina l'ego

Invece di focalizzarti sempre sulla grande immagine durante la gestione del tuo blog, potrebbe essere vantaggioso portare una persona importante nel tuo circolo al centro dell'attenzione, mostrandola sotto una luce positiva. Un modo per fare ciò è illustrare dati su questa persona (dati da verificare sempre) e/o condurre un'intervista con lui/lei. A prescindere dalla situazione, il prodotto finale dovrà essere sempre approvato dalla persona che ha concesso l'intervista.

Assicurati di rivolgerti a una persona con un'ampia rete sociale oppure al centro di una materia, o percepito come interessante da molte persone. Una volta pubblicato il contenuto, potrai chiedere alla persona di condividere o mettere "like" al contenuto, oppure promuovere tu stesso il contenuto raggiungendo le persone che, basandosi solo sullo status della persona su cui hai posto l'attenzione, saranno interessate nel vedere cosa succede intorno ad essa.

Ovviamente non ha senso attirare l'attenzione su una popstar se il tuo sito parla esclusivamente di tosaerba, a meno che ci sia una correlazione tra le due cose che puoi sfruttare. Altrimenti raggiungerai molte persone, ma quelle persone non avranno ottenuto alcun beneficio dall'aver letto il contenuto.

Attira l'attenzione e i Visitatori con i Commenti

Una cosa che viene spesso sottovalutata nella ricerca di nuovi visitatori sono i commenti. Un commento ben scritto ed inerente all'articolo scritto da qualcuno con molti followers potrà portare velocemente più di 100 visitatori al tuo sito web. Ci sono tuttavia alcune cose da considerare mentre effettuiamo quest'operazione:

- Il tuo commento è uno dei primi. Raramente una persona va a cercare per il 300esimo commento quando vuole conoscere dei pareri su un argomento.
- Il commento deve essere riferito all'articolo.

- Il commento deve essere formulato correttamente. Non devi essere d'accordo con l'articolo, ma imparziale.
- Non incorporare pubblicità nel commento. Può essere comunque d'aiuto introdurre il tuo background professionale. Quindi invece di scrivere »Il tosaerba X è il migliore« prova questo, »Alcuni dei nostri clienti hanno avuto questo problema, ma dopo essersi rivolti ad un'altra marca, come XXX, allora il problema è svanito...«
- Non scrivere un libro. Devi essere breve e conciso.
- Scrivendo il tuo post, cerca di creare un valore aggiunto per l'utente.
- Rendi le persone curiose. Se qualcuno dovesse chiederti

ulteriori informazioni e ti facesse una domanda, dovresti rispondere a quella domanda e quindi ricevere un altro post. Potresti ricevere una richiesta per un intero articolo, se ti sei posizionato bene nei commenti come un esperto.

Ovviamente non c'è bisogno di dire che commenti di successo sono basati su un profilo recente e aggiornato che porta le persone su una landing page (come il tuo blog o sito web).

Lascia moltiplicare il tuo lavoro

Non fraintendere il titolo. Chiunque copi dai tuoi articoli di blog verrà penalizzato dai motori di ricerca. Il materiale che compare più volte viene velocemente etichettato come spam. Questo ovviamente non è il nostro obiettivo.

Esistono tuttavia diversi modi per servirti dei tuoi articoli di blog e rendere lo sforzo che impieghi per farli più utile ed efficiente.

Post intelligenti riferiti allo stesso contenuto

Se hai pubblicato un articolo in cui hai esaminato attentamente una certa materia, non c'è nessun male nel riferirsi a tale contenuto in più occasioni. Puoi riscrivere articoli di blog particolarmente interessanti e ripubblicare questi articoli riscritti sotto forma di guest post in altri blog.

Guest Post

Un gran numero di blog, forum e altri siti web sono interessati a post di altri autori che hanno messo in nuova luce una materia o un'altra. E' importante tuttavia essere sicuri che i tuoi contenuti non siano semplicemente copiati e incollati dato che questo è strettamente vietato. I requisiti più desiderati sono l'alta qualità e i contenuti di argomento attinente. Puoi trovare questi siti web cercando su Google. Cerca »desired guest posts« or »wanted guest posts«.

< Image Google-Finds in regards to »desired guest posts« >

Slideshare

de.slideshare.net è una piattaforma che ti permette di accedere a presentazioni di diapositive, tra le altre cose. Se hai preparato contenuti interessanti per il tuo blog, allora può essere una buona idea pensare di preparare il contenuto sotto forma di diapositive. Invece di incorporare tutto il testo in diapositive, puoi studiare un design più pulito e strutturato. Le diapositive potranno essere usate sul tuo sito web o blog e quindi condivise/piaciute sui social network, ottenendo ampia visibilità. Una interessante alternativa (o aggiunta) a questo è Prezi.com.

Il tuo video

Se il tuo contenuto viene presentato in presentazione, allora potresti aggiungere anche dei suoni e produrre dei contenuti su YouTube o su una piattaforma diversa, dalle caratteristiche simili. Se non puoi fare ciò, troverai molte persone su internet che offrono questi servizi a basso costo. Potrai usare questi video anche sul tuo sito web, blog, pagina di Facebook, su Xing, ovunque, permettendo ad essi di venire condivisi e di circolare. Il successo dei video sopra menzionati dipende ampiamente dalla qualità e da quanto è accattivante il contenuto del video.

Il tuo podcast

Avere un proprio podcast è un ottimo modo per generare e moltiplicare un valore aggiunto per te stesso che porterà maggiore credibilità al tuo nome. Esistono anche vari elementi funzionali che ti possono assistere nello sviluppo e manutenzione del tuo podcast, acquistabili con piccola spesa.

Il tuo Libro

Un altro modo di far circolare più ampiamente il tuo lavoro è un eBook o un vero libro tradizionale. Quest'ultima opzione non è più alla portata di nessuno (in termini di costo). Puoi vendere oppure offrire gratuitamente un libro/eBook su Amazon o su un canale differente. Potrai quindi offrirlo come download a varie persone, come ricompensa per essersi iscritti alla tua newsletter ecc.

Epilogo

Mi auguro che questo libro ti abbia offerto una varietà di nuovi metodi per aiutarti a rendere la tua presenza online più efficace e popolare. Ovviamente questo libro ti ha mostrato solo una piccola parte delle possibilità esistenti e che compaiono ogni giorno.

Saremmo molto compiaciuti se avessimo notizie da te e dai tuoi servizi, e se hai bisogno di aiuto professionale con i tuoi sforzi. Puoi contattarci con l'indirizzo e-mail qui sotto:

hashtag.buch@gmail.com

Sebastian Merz + Team